EL CAMINO HACIA LA LIBERTAD FINANCIERA

La guía definitiva

para obtener éxito y dinero

de manera que puedas

lograr la libertad financiera

en un plazo prudente.

aprende como reducir tus gastos,

eliminar tus deudas, ahorrar

y realizar inversiones inteligentes y

sostenibles y, por consiguiente

a alcanzar tu

Libertad financiera.

Todos los pasos que se mencionan aquí,

han sido puestos en práctica, con resultados muy
satisfactorios.

Y es por esa razón que hoy queremos compartirlos
contigo ya que al igual que tú, nosotras también nos
encontrábamos en un estado crítico

y con estrés financiero constantemente.

Este es un plan totalmente funcional,

a nosotras nos ha funcionado

y sé que a ti también lo hará,

sí sigues cada paso e implementa

lo que más se ajuste a tu perfil financiero actual

y haces las correcciones que aquí te mencionamos y
tomas el camino que se te indica en cada paso.

Se que la libertad financiera puede ser desafiante y por
ende puedes ser ultrajado por las dudas, sin embargo,
esta es la principal responsable de que te abstenga de
tomar cualquier decisión que más adelante puede
cambiar tu estilo de vida totalmente. No estamos diciendo
que lograras la libertad financiera de la noche a la
mañana, eso es prácticamente imposible, pero lo que te
podemos asegurar es que si sigues cada paso que este
libro te indica y prestas mucha atención a cada detalle y lo
llevas a la práctica, lograras la libertad financiera a un
largo plazo, o al plazo que te propongas según tus
posibilidades financieras actuales.

Yascatery Martínez
Nicol Morales León

UN PLAN PASO A PASO

Te llevaremos de la mano, guiándote

en cada paso hacia la libertad financiera.

Yascatery Martínez & Nicole Morales León

DEDICATORIA

Para nuestro padres, Rufino Martínez y María Fernanda,

Quienes se han sacrificado una y mil veces por nosotras y nos lo han dado todo. Ellos fueron los que no enseñaron valores como la perseverancia, la honestidad y el esfuerzo. Estamos eternamente agradecido por todo el apoyo y el amor incondicional que nunca nos ha faltado.

Este libro también es dedicado a todas las personas que nos han apoyado y han confiado en esta guía totalmente funcional.

OBJETIVO.

El principal objetivo de este libro es lograr que guie al mayor número de personas posibles a mejorar su situación financiera y a administrar e invertir su dinero de manera inteligente y sostenible para que puedan alcanzar la libertad financiera. Esta es una guía práctica cuya finalidad es llevarte paso a paso hacia tus objetivos financieros.

LEY DE LA SIEMBRA Y COSECHA

La ley de la siembra y la cosecha es un concepto que afirma que lo que se siembra se recoge. En otras palabras, esta ley sugiere que lo que hacemos en el presente, tanto positivo como negativo, influirá en nuestro futuro. La ley de la siembra y la cosecha se puede aplicar a muchos aspectos de la vida, incluyendo finanzas, relaciones y salud.

En términos financieros, la ley de la siembra y la cosecha significa que, si invertimos tiempo, energía y recursos en mejorar nuestras finanzas y en hacer inversiones inteligentes, eventualmente veremos los frutos de nuestro esfuerzo en forma de ahorros y un flujo de ingresos sólido. Por otro lado, si gastamos de más y no hacemos una planificación financiera adecuada, es probable que tengamos dificultades financieras en el futuro.

En las relaciones, la ley de la siembra y la cosecha significa que, si sembramos amor, respeto y comprensión en nuestras relaciones, es probable que cultivemos relaciones fuertes y duraderas. Por otro lado, si sembramos desconfianza, ira y resentimiento, es probable que tengamos relaciones tóxicas y conflictivas.

En fin, la ley de la siembra y la cosecha es un concepto que nos recuerda la importancia de nuestras acciones y decisiones en el presente y su impacto en nuestro futuro. Al aplicar esta ley a nuestras finanzas, relaciones y salud, podemos tomar decisiones más conscientes y estratégicas para lograr un futuro mejor.

INDICE

¿Por qué debes leer y este libro?

Introducción.

Paso 1. Comprender tus finanzas personales (analiza tus ingresos y gastos. Reduce tus gastos)

Paso 2. Embárcate en el viaje del ahorro.

Paso 3. Mejora tus ingresos (identificación de oportunidades de ingresos adicionales, mejora de habilidades para generar ingresos y evaluación de oportunidades de negocio)

Paso 4. Deudas y administración de dinero (evaluación de deudas y estrategias para pagarlas, uso de herramientas para administrar tu dinero)

Paso 5. Inversiones y ahorros (identificación de los diferentes tipos de inversiones, evaluación de

opciones de inversión, establecimiento de una estrategia de inversión)

Paso 6. Creación de pasivos (evaluación de opciones de creación de pasivos, establecimiento de un plan de creación de pasivos)

Paso 7. Protección financiera (evaluación de opciones de seguros y protección financiera, establecimiento de un plan de protección financiera)

Paso 8. Manteniendo el enfoque centralizado hacia la educacion financiera.

Paso 9. Disfruta tu libertad financiera.

Conclusiones y recomendaciones finales.

¿PORQUE DEBES LEER ESTE LIBRO?

Este libro te ofrece una perspectiva única sobre la gestión del dinero y las finanzas personales, proporciona herramientas y estrategias para ayudarte a tomar decisiones financiera informadas.

A través de la experiencia, muestra como la educacion financiera tradicional, es decir, (durar ciertos años estudiando en la universidad para luego ser esclavo de un trabajo tradicional) puede ser limitante, y como puede ser más valioso pensar de manera diferente sobre el dinero y las finanzas personales, en lugar de simplemente ahorrar y gastar de manera cuidadosa.

Este libro enfatiza en como la inversión inteligente y sostenible te puede ayudar a construir riquezas en un determinado tiempo, además, este libro te ofrece un análisis profundo de cómo funcionan los pasivos y como se pueden mejorar para lograr la libertad financiera a largo plazo.

También te enseña cuales son los errores que cometen la mayoría de las personas al manejar su dinero y te da estrategias para evitarlos y así mejorar tu situación financiera.

Debes leer este libro, porque te educa en como debes invertir en inversiones inteligentes y sostenibles y te da estrategias para evaluar e identificar cuáles son esos tipos de inversiones que te dejaran como resultado éxito y dinero a tal grado de ser independiente financieramente.

Pensamientos claves.

para lograr tus objetivos financieros y tu estilo de vida debes dominar tus pensamientos, debes estar centralizado en tus objetivos y no pensar solamente en la gratificación inmediata, ya que todo conlleva su adecuado tiempo y dedicación. Es mejor avanzar con pasos lentos pero seguros, no debes desesperarte, no tires la toalla, ya que este libro te ofrece estrategias totalmente funcionales pero que conllevan su debido tiempo.

Las mayoría de las personas que alcanzamos riquezas, tardamos años en conseguirla por lo que debes cultivar los valores de constancia, perseverancia, tenacidad y responsabilidad.

Debes estar confiado en ti mismo, mantén tu mente positiva acerca de tus objetivos, debes trazarte objetivos claros y precisos.

INTRODUCCIÓN

Para embarcarte en este viaje lo primero que debes hacer es informarte, la lectura es la principal vía para obtener información sobre cualquier tema, pero además puedes utilizar otras fuentes como los videos referentes a la educación financiera y mantenerte informado de todo lo relacionado con esta.

La libertad financiera es un estado deseado por muchas personas. Se trata de alcanzar un estado en el que se tenga control absoluto sobre nuestras finanzas y se pueda vivir sin depender de un salario o de la preocupación constante por el dinero.

La libertad financiera permite a las personas disfrutar de un estilo de vida sin restricciones y tener la capacidad de hacer realidad sus sueños y metas sin estar atadas a las limitaciones económicas.

Alcanzar la libertad financiera requiere de una combinación de estrategias sabias, diciplinada y las personas que la utilicen deben ser pacientes, al final obtendrán como resultados una vida libre de preocupaciones financiera y llena de oportunidades.

Para lograr la libertad financiera, primero debes educarte. La educacion financiera es fundamental para lograr el éxito y la estabilidad financiera a largo plazo. Al conocer cómo manejar tu dinero de manera efectiva, se puede tomar decisiones informadas de como gastar, ahorrar e invertir lo que puede resultar en una vida libre de deudas y con una seguridad financiera sólida.

Una buena educacion financiera puede ayudarte a evitar que cometas errores costosos y ahorrar tiempo y dinero en el futuro. En fin, la educación financiera es un componente clave para el bienestar financiero y la independencia económica y es importante para todas las edades y etapas de la vida.

En este libro encuentras la información adecuada y las estrategias que te llevaran hacia la libertad financiera.

¿Qué es el dinero?

El dinero es una forma de intercambio de bienes y servicios, un medio de pago y una unidad de cuenta que permite comparar los precios de los bienes y servicios. En su forma más básica, el dinero es algo que se acepta generalmente como pago por bienes y servicios y como pago de deudas.

A lo largo de la historia, el dinero ha tomado muchas formas diferentes, desde bienes naturales como granos y metales preciosos hasta monedas y billetes de papel. En la actualidad, el dinero también puede existir en forma digital, como en la forma de criptomonedas, lo que ha cambiado la forma en que hacemos transacciones y usamos el dinero en nuestras vidas diarias.

El dinero es esencial para la economía de un país, ya que permite a las personas y a las empresas realizar transacciones de manera más eficiente. Sin el dinero, sería muy difícil comparar los precios de los bienes y servicios, y tendríamos que realizar intercambios directos de bienes y servicios, lo que resultaría en una economía mucho más ineficiente.

Además, el dinero también desempeña un papel importante en la formación de ahorros y en la inversión. Permite a las personas guardar valor para el futuro y también les permite invertir en proyectos y empresas que pueden generar más valor a largo plazo.

Sin embargo, el dinero también puede tener efectos negativos, como la inflación y la especulación. La inflación se produce cuando la cantidad de dinero en circulación aumenta más rápido que la producción de bienes y servicios, lo que hace que el dinero valga menos. La especulación puede ocurrir cuando los inversores compran y venden activos con el objetivo de obtener ganancias rápidas en lugar de invertir en proyectos que puedan generar valor a largo plazo.

Finalmente, el dinero es un aspecto esencial de la economía y de nuestras vidas diarias. Nos permite realizar transacciones más eficientemente, formar ahorros y hacer inversiones, pero también puede tener efectos negativos si no se maneja adecuadamente. Por lo tanto, es importante entender su papel y su funcionamiento para poder usarlo de manera responsable y efectiva en nuestras vidas.

Mitos y creencias sobre el dinero.

A lo largo de la historia, han existido muchos mitos y creencias sobre el dinero que han sido aceptados como verdaderos por muchas personas. Sin embargo, algunos de estos mitos pueden ser perjudiciales para la salud financiera y deben ser desafiados. Aquí hay algunos mitos comunes sobre el dinero:

*El dinero no puede comprar la felicidad: Aunque es cierto que el dinero por sí solo no puede comprar la felicidad, tener suficientes recursos financieros puede ayudar a reducir la tensión y el estrés en la vida cotidiana, lo que puede contribuir a un mayor bienestar emocional.

*Tener más dinero significa gastar más dinero: Este mito sugiere que cuanto más dinero tenga una persona, más lo gastará. Sin embargo, esto no es necesariamente cierto, ya que algunas personas pueden ser más austeras incluso con mayores ingresos.

*No se puede hacer dinero con facilidad: Aunque es cierto que hacer dinero requiere trabajo y esfuerzo, también es posible hacer dinero de manera más eficiente al identificar y aprovechar oportunidades de inversión.

*El dinero no puede ser compartido: Este mito sugiere que el dinero es un recurso limitado que solo puede ser disfrutado por una persona en particular. Sin embargo, en realidad, el dinero puede ser compartido y usado para hacer un impacto positivo en la vida de otras personas, ya sea a través de donaciones o inversiones en proyectos sociales.

Es importante ser crítico y cuestionar los mitos y creencias sobre el dinero, ya que esto puede ayudar a tomar decisiones financieras más informadas y saludables.

MENTALIDAD GANADORA

Este es un enfoque positivo y determinado en la vida, especialmente en lo que se refiere a la gestión de finanzas y carrera profesional. Debes mantener tu mente siempre a favor de tus objetivos financieros y fortalecerlos cada día. Veamos algunos elementos a tener en cuenta para que mantengas una mente ganadora.

1- Visión positiva: Tener una visión positiva y optimista sobre el futuro es un componente importante de la mentalidad ganadora. Esto significa creer en uno mismo y en la capacidad de alcanzar metas y objetivos, incluso cuando hay desafíos en el camino.

2- Determinación: La determinación es la clave para superar obstáculos y alcanzar metas financieras y profesionales. La mentalidad ganadora requiere una gran fuerza de voluntad y un enfoque resuelto para mantenerse motivado y enfocado.

3- Responsabilidad: Asumir la responsabilidad por las decisiones financieras y profesionales es un aspecto importante de la mentalidad ganadora. Esto significa reconocer que el éxito o el fracaso dependen en gran medida de las acciones que se tomen.

4- Enfoque a largo plazo: La mentalidad ganadora requiere un enfoque en el largo plazo y la planificación a largo plazo, en lugar de enfocarse en recompensas inmediatas y decisiones a corto plazo.

5- Aprendizaje continuo: La mentalidad ganadora requiere una actitud de aprendizaje continuo, ya que siempre hay más cosas que se pueden aprender y mejorar en la vida financiera y profesional.

La mentalidad ganadora es un enfoque poderoso para lograr metas financieras y profesionales y puede ayudar a alcanzar una mayor satisfacción y éxito en la vida.

Ya hemos preparado tu mentalidad para recibir toda la información que necesitas para encaminarte hacia la libertad financiera y que puedas tener una mejor calidad de vida, sin embargo, si solo lees este libro y no empiezas a ponerlo en práctica, el dinero no te llegara del cielo.

Debes prestar atención en cada detalle y las recomendaciones ya que estas son muy importantes. Empecemos.

Paso 1

COMPRENDE TUS FINANZAS PERSONALES (ANALIZA TUS INGRESOS Y GASTOS. REDUCE TUS GASTOS).

antes de empezar a planificar tus finanzas y trabajar hacia la libertad financiera, es importante conocer tus finanzas actuales. Esto significa evaluar tus ingresos, gastos e inversiones y tener una comprensión clara de tu situación financiera actual.

Ingresos: el primer paso para conocer tus finanzas y evaluar tus ingresos: esto incluye todo lo que ganas, incluyendo ingresos fijos, ingresos por inversiones y cualquier otro tipo de este. Anota tus ingresos y haz una lista detallada de todas las fuentes de ingresos que tienes.

Gastos: lo siguiente es evaluar tus gastos. Anota todos los gastos que tienes en un mes, incluyendo gastos fijos como la renta o el pago de la hipoteca, los gastos variables como la comida y la ropa, y los gastos ocasionales como las vacaciones y reparaciones del hogar.

Inversiones: luego evalúa tus inversiones, en caso de que tengas. Anota todas tus inversiones, incluyendo cuentas de ahorros, acciones, bonos y cualquier otro tipo de inversión. Asegúrate de anotar la cantidad que has invertido y el valor de cada inversión.

Después de evaluar tus ingresos, gastos e inversiones, es importante analizar la información que has recopilado. ¿estas ganando más de lo que has gastado?, ¿estas invirtiendo suficiente dinero para alcanzar tus metas financiera a largo plazo?, si no estas ganando más de lo que estas gastando o no estas invirtiendo suficiente dinero, es hora de hacer algunos cambios.

Una vez que tengas una comprensión clara de tus finanzas, es hora de establecer tus metas financieras. Establecer metas financieras te ayudara a mantenerte enfocado y motivado mientras trabajas hacia la libertad financiera.

Es importante tener en cuenta que establecer metas financieras realista es clave para el éxito. No es realista esperar ganar un millón de dólares en un año, si apenas estas empezando a trabajar en tus finanzas. En su lugar, es mejor establecer metas a largo plazo que sean alcanzables y te ayuden a avanzar hacia tus objetivos financieros.

PASO 2. EMBÁRCATE EN EL VIAJE DEL AHORRO. AHORRA Y CANTIDAD ESPECIFICA CADA MES.

Una regla de oro para el ahorro es ahorrar primeramente antes de gastar. Debes asignar una cantidad fija de tus ingresos para el ahorro cada mes y asegurarte de que esta cantidad sea la primera en ser retirada de tu cuenta bancaria. El ahorro y el presupuesto requieren constancia y disciplina, debes ser consiente en seguir tu presupuesto y ahorrar una cantidad fija cada mes, incluso si es solo una pequeña cantidad, para alcanzar tus metas de ahorro a largo plazo.

Ahorrar dinero cada mes es una habilidad importante que todos deberían aprender para tener un futuro financiero seguro. Sin embargo, a menudo es difícil encontrar un equilibrio entre gastar y ahorrar, especialmente si se tienen gastos fijos y un presupuesto ajustado. Afortunadamente, con algunos cambios simples en tus hábitos y estilo de vida, es posible ahorrar dinero cada mes. Aquí hay algunos consejos que puedes seguir para lograrlo:

1. Crea un presupuesto: la clave para ahorrar dinero es conocer tus ingresos y gastos, este es una herramienta muy importante para controlar tus finanzas y alcanzar tus objetivos financieros.

Identifica tus ingresos y gastos mensuales, esto incluye todos tus ingresos, ingresos adicionales y cualquier otro tipo de ingresos. También incluye todos tus gastos, incluyendo los gastos fijos como son renta e hipoteca, gastos variables como la comida y la ropa, y gastos no esenciales como entretenimientos y viajes.

2. Establece un límite para tus gastos; una vez que haya identificado tus ingresos y gastos, es importante establecer un límite para tus gastos y asegurarte de que estas gastando dinero de manera responsable. Compara los precios para asegurarte de que estas utilizando los precios más bajos, o podrías cocinar en casa en lugar de salir a comer. Otra opción que debes tomar en cuenta para reducir tus gastos es aprovechar las rebajas y ofertas, esta son una excelente manera de ahorrar dinero.

3. Prioriza tus gastos: después de establecer límites para tus gastos es importante priorizarlos. Esto significa que debes determinar cuáles son tus gastos más importantes y asegurarte de que estas gastando dinero en ellos antes de gastar en los gastos no esenciales. De esta manera sabrás a cuáles deberás limitar para poder continuar en el paso más importante que es el ahorro.

4. Ahorra en pequeñas cantidades: el ahorro en pequeñas cantidades es una estrategia efectiva para lograr tus metas financiera a largo plazo. Muchas personas creen que necesitan ahorrar grandes cantidades de dinero para alcanzar sus metas, pero en realidad, cualquier cantidad de ahorro es mejor que nada. El ahorro en pequeñas

cantidades te permite comenzar hoy mismo, sin importar cuánto dinero ganes o tengas disponible.

Anteriormente mencionamos las maneras de cómo reducir tus gasto para poder introducirte en el mundo del ahorro, esos pequeños cortes de gastos te permitirán ahorrar en pequeñas cantidades.

Otra forma de ahorrar dinero es mediante un plan de ahorro automático: puedes configurar tu banco para que retire una cantidad especifica de tu cuenta cada mes y la transfiera a una cuenta de ahorros. De esta manera, no tendrás que preocuparte por trasferir dinero manualmente cada mes. Este es un método muy efectivo para ahorrar dinero a largo plazo y podrás asegurarte de que estas ahorrando dinero de manera eficaz, incluso si no tienes tiempo o no te sientes motivado.

Este método es el más recomendable, ya que posee grandes ventajas como:

a) Facilita la formación del habito de ahorro: con esta herramienta podrás crear una rutina de ahorro mensual la cual te proporcionara resultados altamente satisfactorios.

b) Ahorraras dinero sin darte cuenta: al realizar transferencia automática no tienes que preocuparte por ver el dinero desaparecer de tu cuenta corriente, lo que puede ser demasiado doloroso. En su lugar sentirás una seguridad financiera, con la que podrás contar más adelante.

c) Te permite alcanzar tus objetivos financiero de manera más asegurada y rápida: con esta estrategia puede realizar tus objetivos en un determinado plazo, ya sea un casa, un auto o inversiones inteligentes.

d) Puedes ahorrar dinero en momentos de alta motivación: a veces, puedes sentirte muy motivado para ahorrar dinero. En momentos como este, puedes aumentar la cantidad de dinero que se transfiere automáticamente a tu cuenta de ahorros, para ahorrar aún más dinero. En fin, el ahorro automático es una herramienta muy valiosa para aquellos que buscan ahorrar dinero a largo plazo de manera eficiente y conveniente.

El ahorro y el presupuesto son dos aspectos clave de la gestión financiera personal que pueden ayudarte a alcanzar tus metas financieras y construir un futuro financiero más seguro. Ambos requieren de planificación y disciplina, pero también pueden ofrecer un gran recompensa en términos de seguridad y libertad financieras.

El ahorro es esencial para establecer una reserva de emergencia y para prepararse para eventos imprevistos como: una enfermedad, un desempleo, incluso accidentes. Además, te permite asegurar tu jubilación en el futuro.

El presupuesto y el ahorro son dos herramientas que caminan de la mano, ya que el presupuesto evita la acumulación de deudas al identificar las áreas en donde se pueden reducir los gastos. Ain embargo debes tomar en cuenta que establecer un presupuesto y un plan de ahorros, requiere un compromiso constante y una dedicación hacia los objetivos financieros.

PASO 3. MEJORA TUS INGRESOS (identificación de oportunidades de ingresos adicionales, mejora de habilidades para generar ingresos y evaluación de oportunidades de negocio)

Una de las formas más efectiva de mejorar tus ingresos es mejorando y desarrollando tus habilidades para potenciar aún más tus niveles de ingresos, ya sea por aumento en tu trabajo actual o buscando una nueva oportunidad de trabajo. Tener una grandes habilidades en demandas es una gran ventaja. Algunos consejos sobre estos son:

a) Identifica tus fortalezas y debilidades: este es una parte crucial en el desarrollo personal y profesional. Estos te permiten comprender tus debilidades y capacidades actuales, lo que te ayudara a enfocarte en las áreas en las que necesitas mejorar y a aprovechar al máximo tus fortalezas.

b) Investiga las habilidades en demandas: investiga las demandas que son más valoradas en tu industria o mercado local. Estudia las descripciones de trabajo para determinar cuáles habilidades son esenciales para las posiciones que te interesan. También puedes preguntar a tus colegas o amigos en la industria para obtener una mejor comprensión de las habilidades más valoradas.

c) Toma cursos o lee libros: hay una amplia variedad de recursos disponibles en línea, con las que puedes adquirir nuevas habilidades. Tomar cursos en línea, leer libros y asistir a talleres pueden ser una manera excelente de aprender y mejorar.

d) Practica: la práctica es fundamental para mejorar cualquier habilidad. Dedica tiempo suficiente para practicar y mejorar lo que has aprendido. Busca oportunidades para aplicar en tu trabajo diario o en proyectos personales lo que has aprendido.

e) Networking: conéctate con otras personas que tengan las mismas habilidades o intereses, esta es una excelente manera de aprender a mejorar tus habilidades. Además, puede ayudarte a encontrar nuevos proyectos y nuevas oportunidades.

Mejorando tus habilidades podrás tener mayores de oportunidades para aumentar tus ingresos actuales y, por ende, poder ahorrar una cantidad más grande mensualmente y encaminarte hacia el camino que te has trazado.

Una vez que cuentes con un plan de ahorros efectivo y quieras multiplicar lo ahorrado debes encontrar diferentes oportunidades de negocios y evaluar a cada uno de ellos para asegurarte de que sean confiables y rentables.

Esta evaluación implica revisar y analizar factores clave como el mercado, la competencia, la demanda de los productos o servicios y la viabilidad financiera. Al hacer una evaluación exhaustiva de estos factores, puedes tomar decisiones informadas sobre si debes invertir tiempo y recursos en una nueva oportunidad de negocio.

Investigar el mercado: esto incluye el análisis de la industria, la tendencia de crecimiento y las tendencias futuras. También es importante que evalúes las demandas de los productos que se ofrecen y comprender si hay un mercado potencial en ellos. Es posible que sea necesario que realices una entrevista con los clientes potenciales o que hagas una encuesta para obtener una mejor comprensión de la demanda.

Evaluar la competencia: es importante que investigues a los competidores actuales y determinar cómo se diferencian sus productos o servicios de los de la competencia. También es importante que evalúes la estrategias de precios de la competencia y como se comparan con los precios de su propio producto o servicio. Esta información puede ayudarte a determinar la estrategia de precio adecuado para su negocio.

Además, es importante tener en cuenta la viabilidad financiera del negocio. Esto incluye la estimación de los costos de producción y ventas, así como la proyección de ingresos y ganancias futuras. También es importante evaluar si hay suficientes fondos disponibles para iniciar y mantener el negocio a largo plazo.

Otro aspecto importante para evaluar es la estructura de la empresa. Es importante considerar si es necesario formar una empresa o si es posible operar como empresa individual. También debes considerar el personal necesario para el éxito del negocio, incluyendo los costos salariales y los requisitos de contratación.

PASO 4. DEUDAS Y ADMINISTRACIÓN DE DINERO
(evaluación de deudas y estrategias para pagarlas, uso de herramientas para administrar tu dinero)

La administración del dinero es una habilidad fundamental para alcanzar la libertad financiera, y lograr tus objetivos financieros a largo plazo. Para hacer buen uso de tu dinero lo primero que debes hacer es eliminar todas tus deudas.

Las deudas son una realidad para muchas personas, ya sea que se trate de un préstamo para estudios, una hipoteca para una casa o una tarjeta de crédito.

Sin embargo, si no se manejan adecuadamente, las deudas pueden convertirse en un problema que afecte negativamente tu vida financiera. Aquí te dejo algunas estrategias para ayudarte a manejar tus deudas de manera efectiva.

a) Conoce tus deudas: haz un registro detallado de todas tus deudas, incluyendo la cantidad que debes, la tasa de interés y la fecha de vencimiento. Esto te ayudara a entender mejor tus obligaciones financieras y a tomar medidas para pagar tus deudas.

b) Prioriza tus deudas: comienza por con aquellas deudas que tienen una taza de interés más altas, como las tarjetas de créditos. Al pagar primero estas deudas, puedes reducir rápidamente la cantidad que debes y ahorrar en intereses a largo plazo.

c) Paga más del mínimo: si estas pagando solo la cantidad mínima en tus deudas, es probable que tardes mucho tiempo en pagarlas. Intenta pagar más del mínimo de pago cada mes para reducir tus deudas más rápidamente.

d) Reduce tus gastos: hemos estado hablando de reducir gastos muy enfáticamente ya que este es clave tanto para el ahorro como para eliminar tus deudas. Por ejemplo, si cortas los servicios que no utilizas, buscas ofertas en alimentos y productos, y considera el coche compartido o el transporte público en lugar de obtener un automóvil propio, puedes contar con el dinero adecuado para reducir tus deudas de manera precipitada.

e) Considere consolidar sus deudas: si tienes varias deudas con tasas de interés diferentes, considera la posibilidad de consolidarlas en un solo préstamo con una tasa de interés más baja. Esto puede ayudarte a ahorrar dinero en intereses a largo plazo y a simplificar el proceso de pago de tus deudas.

f) Hable con sus prestamistas: si estas teniendo dificultades para pagar tus deudas, habla con tus prestamistas. Algunos prestamistas pueden estar dispuestos a negociar un plan de pago más asequible o a prolongar el plazo para pagar la deuda.

g) Evite tomar más deudas: trata de evitar tomar más prestamos mientras estas tratando de pagar tus deudas.

HERRAMIENTAS PARA ADMINISTRAR TU DINERO

Para administrar tu dinero de manera efectiva existen varias herramientas entre las cuales se pueden mencionar:

a) El presupuesto: este ya lo hemos mencionado y es uno de los más importantes.

b) Aplicaciones de finanzas personales: hoy en día hay muchas aplicaciones de finanzas personales que te ayudaran a controlar tus gastos, hacer un seguimiento de tus ingresos y visualizar tus finanzas en general. Algunas de las más populares incluyen Mint Personal Capital y PocketGuard.

c) Banca en línea: la banca en línea te permite acceder a tus cuentas y hacer transacciones en línea, lo que facilita el seguimiento de tus ingresos y gastos. Además, muchas instituciones bancarias ofrecen herramientas de finanzas personales en línea que puedes usar para hacer un seguimiento de tus gastos y ahorros.

d) Tablas de amortización: las tablas de amortización te ayudan a hacer un seguimiento de tus pagos y ver cuánto tiempo tardaras en pagar tus deudas. Puedes hacer una tabla de amortización a mano o usar una herramienta en línea.

e) Inversiones: si estas buscando la forma de hacer crecer tu dinero para lograr la libertad financiera, debes considerar invertir en los diferentes tipos de inversión que más adelante te estaré desarrollando.

Recuerda que la clave para administrar tu dinero de manera efectiva es mantener un registro detallado de tus ingresos y gastos, hacer un presupuesto, tomar medidas para reducir tus gastos y ahorrar dinero. Con un poco de organización y planificación, puedes mejorar tus finanzas y lograr tus objetivos financieros a largo plazo.

PASO 5. INVERSIONES Y AHORROS (identificación de los diferentes tipos de inversiones, evaluación de opciones de inversión, establecimiento de una estrategia de inversión)

Las inversiones son la compra de bienes con la esperanza de generar ingresos o apreciación en el futuro. Hay muchas opciones de inversión, desde acciones y bonos hasta propiedades y bienes raíces.

Las acciones representan una parte de la propiedad en una empresa y pueden ser compradas y vendidas en una bolsa de valores. Los bonos son una forma de deuda que una empresa o gobierno emite con el fin de recaudar dinero a cambio de una tasa de interés garantizada.

La propiedad y los bienes raíces también son populares opciones de inversión. Estos bienes pueden ser alquilados para generar ingresos regulares o esperar a que aumenten el valor para ser vendidos con ganancias.

Es importante que tengas en cuenta que todas las inversiones conllevan riesgos, por lo que es importante hacer una investigación exhaustiva y consultar a un asesor financiero antes de invertir tu dinero ahorrado. También es crucial diversificar tu cartera de inversiones para minimizar el riesgo total.

Además de considerar los riesgos y la diversificación, es importante que tengas un plan de inversión a largo plazo y ser paciente y constante en tu enfoque de inversión. Mantener una perspectiva a largo plazo y no reaccionar emocionalmente a las fluctuaciones del mercado también es clave para el éxito en este mundo de las inversiones.

TIPOS DE INVERSIONES SONSTENIBLES

INVERSIONES INMOBILIARIAS.

La inversión inmobiliaria es una forma de inversión que involucra la compra, renovación o desarrollo de propiedades con el objetivo de generar ingresos o apreciación del valor a largo plazo. Las inversiones inmobiliarias incluyen propiedades residenciales, comerciales, industriales o de alquiler, y pueden ser fincas, apartamentos, edificios de oficinas, centros comerciales, entre otros.

Hay varias formas de invertir en el mercado inmobiliario, incluyendo la compra directa de una propiedad, la participación en un fondo inmobiliario o la compra de acciones de una compañía inmobiliaria. Cada opción tiene sus propios riesgos y recompensas, y es importante que los inversores comprendan estos antes de tomar una decisión de inversión.

Una de las ventajas de la inversión inmobiliaria es que puede generar ingresos a largo plazo a través de alquileres o la reventa de la propiedad. Además, el mercado inmobiliario a menudo tiende a apreciarse con el tiempo, lo que puede resultar en una apreciación del valor de la inversión.

Sin embargo, también es importante tener en cuenta los riesgos asociados con la inversión inmobiliaria. Estos incluyen factores como fluctuaciones en el mercado, incertidumbre económica, problemas de manutención y reparación de la propiedad, y el riesgo de no encontrar inquilinos o tener períodos de tiempo vacíos.

En general, la inversión inmobiliaria puede ser una forma atractiva de diversificar un portafolio y generar ingresos a largo plazo, pero es importante que investigues y comprendas los riesgos antes de tomar una decisión de inversión.

PLAN ESTRATEGICO PARA INVERTIR EN INMOBOLIARIA

1- Establece objetivos y metas claras: Antes de comenzar a invertir en inmobiliaria, es importante tener una idea clara de lo que se desea lograr a largo plazo. Esto incluye consideraciones como el ingreso deseado, la tasa de retorno y el tiempo de inversión.

2- Investiga el mercado inmobiliario: Es importante tener una comprensión profunda del mercado inmobiliario local, incluyendo los precios de las propiedades, las tendencias del mercado y las mejores oportunidades de inversión.

3- Evalúa opciones de inversión: Hay varias formas de invertir en el mercado inmobiliario, incluyendo la compra directa de una propiedad, la participación en un fondo inmobiliario o la compra de acciones de una compañía inmobiliaria. Es importante evaluar cada opción y considerar los riesgos y recompensas antes de tomar una decisión.

4- Asigna un presupuesto: Una vez que se han establecido los objetivos y se ha investigado el mercado, es necesario asignar un presupuesto para la inversión inmobiliaria. Este presupuesto debe incluir los costos de compra, renovación o desarrollo, y también debe permitir un margen para imprevistos.

5- Busca asesoramiento profesional: Es importante buscar el asesoramiento de un profesional en finanzas o inversiones para asegurarse de que se está tomando la mejor decisión posible. Un asesor puede ayudar a evaluar las opciones de inversión y a desarrollar un plan estratégico que se ajuste a las metas y objetivos personales.

6- Monitorea y ajusta la inversión: Una vez que se ha invertido en el mercado inmobiliario, es importante monitorear la inversión y ajustarla según sea necesario. Esto incluye evaluar los ingresos y los gastos, y tomar medidas para mitigar los riesgos y aprovechar las oportunidades.

En fin, un plan estratégico efectivo para invertir en inmobiliaria debe incluir objetivos claros, investigación exhaustiva del mercado, evaluación de opciones de inversión, un presupuesto adecuado, asesoramiento profesional y monitoreo continuo. Con un enfoque cuidadoso y una planificación adecuada.

INVERSIONES EN ACCIONES.

Las acciones son una de las opciones de inversión más populares y ampliamente más utilizadas en el mundo. Hay muchas razones por las puedes elegir invertir en acciones.

Una de las mayores ventajas es el potencial de ganancia a largo plazo. A medida que una empresa crece y prospera, su valor y, por lo tanto, el valor de sus acciones también puede aumentar. Además, muchas empresas pagan dividendos a sus accionistas, lo que puede generar ingresos adicionales.

Sin embargo, es importante tener en cuenta que invertir en acciones también conlleva riesgos. El valor de las acciones puede disminuir en cualquier momento y no hay garantías de que una empresa seguirá siendo exitosa en el futuro.

Además, el mercado en general puede verse afectado por los factores económicos, políticos y geográficos, lo que puede afectar el valor de las acciones.

A pesar de estos riesgos, muchas personas seguimos invirtiendo nuestro dinero en acciones debido a su potencial de crecimiento y ganancia a largo plazo. Para ayudarte a minimizar el riesgo, es importante que hagas una investigación exhaustiva antes de invertir en una empresa especifica, y considerar la diversificación de su cartera a través de una combinación de diferentes tipos de activos.

Para resumirte un poco la información, invertir en acciones puede ser una forma muy efectiva de generar ingresos y crear riqueza a largo plazo, pero es importante que tengas en cuenta los riesgos y la investigación antes de invertir. Veamos a continuación como puedes identificar los riesgos y las oportunidades dentro de este tipo de inversión:

ANÁLISIS DE RIESGOS Y OPORTUNIDADES

El análisis de riesgos y oportunidades es un paso fundamental. Aquí evaluaremos los factores que inciden en estos.

Para analizar los riesgos y las oportunidades es necesario que sigas estos pasos:

a) Identifica los factores claves: es necesario que identifiques los factores que puedan afectar tu inversión dentro de la empresa. (factores legales, políticos, económicos, tecnológicos, ambientales entre otros).

b) Evalúa el impacto: una vez que identifiques los factores clave de la empresa en la que quieres invertir, es necesario que evalúes su impacto potencial en la inversión. Es importante que consideres tanto el impacto positivo como el negativo, y tener en cuenta la probabilidad de que ocurran.

c) Prioriza los riesgos y las oportunidades: después de que evalúes el impacto de los factores clave, es importante que priorices los riesgos y las oportunidades, para determinar cuáles son más relevantes para la inversión.

d) Toma de decisiones: con la información obtenida en los pasos anteriores, es posible tomar decisiones informadas sobre este tipo de inversión.

e) Seguimiento y actualización: el análisis de riesgos y oportunidades no es un proceso puntual, sino que requiere un seguimiento continuo y una actualización periódica para mantener una visión actualizada y precisa de la situación de la inversión.

INVERSIONES EN BONOS

Los bonos son una forma de inversión en la prestas dinero a una entidad, como una empresa o el gobierno, a cambio de un pago periódicamente con interese y un rembolso del capital en una fecha futura determinada.

La inversión en bonos es una opción popular para aquellas personas que buscan una forma de inversión de bajo riesgos y un flujo constante de ingresos. Los bonos emitidos por el gobierno suelen ser considerados como una de las formas más seguras de inversión, ya que su capacidad para cumplir con sus obligaciones financieras suele ser muy altas.

Sin embargo, es importante que tengas en cuenta que lo bonos emitidos por empresas privadas conllevan un riesgo mayor de impago que los bonos gubernamentales, y pueden ser más sensibles a los cambios económicos.

Además, es importante que tengas en cuenta que los bonos a menudo tienen una duración más larga que otras formas de inversión, lo que significa que tu dinero estará bloqueado por un periodo de tiempo más largo. Y otro aspecto que debes considerar es que los bonos a menudo tienen una rentabilidad más baja que otras formas de inversión, como son las acciones.

A pesar de estos factores, la inversión en bonos puede ser una opción atractiva para las personas que buscan una forma segura y estable de generar ingresos y diversificar su cartera de inversiones.

ANÁLISIS DE RIESGOS Y OPORTUNIDADES EN LA INVERSIÓN DE BONOS.

al invertir en bonos, es importante analizar tanto los riesgos como las oportunidades. A continuación, te informare sobre los factores que debes considerar antes de invertir en los bonos.

Riesgos.

a) Riesgos de crédito: este se refiere a la probabilidad de que el emisor de un bono no cumpla con sus obligaciones de pago. Es importante que evalúes la calidad crediticia del emisor y su capacidad para cumplir con los pagos establecidos.

b) Riesgos de tasa de interés: este tiene que ver con la probabilidad de que los cambios en la tasa de interés afecten el valor de un bono. Cuanto más larga sea la duración del bono, mayor será el riesgo de tasa de interés.

c) Riesgo de inflación: este riesgo se refiere a la posibilidad de que la inflación afecte el poder adquisitivo de los intereses y el capital del bono. Es importante que, si vas a invertir en bonos, escojas un bono con una duración adecuada.

Oportunidades:

a) Rentabilidad: una de las principales oportunidades de invertir en bonos es la rentabilidad. Los bonos suelen ofrecer una rentabilidad estable y predecible, lo que os hace atractivos para los inversores.

b) Diversificación: invertir en bonos puede ayudarte a diversificar tu cartera de inversiones, lo que puede reducir el riesgo en general.

c) Impacto social y ambiental positivo: al invertir en bonos, puedes apoyar a causas importantes y tener un impacto positivo en la sociedad y el medio ambiente.

INVERSIONES EN FONDOS MUTUOS

Los fondos mutuos son otra forma de invertir tu dinero, este consiste en un grupo de inversores que unifican sus recursos para invertir en una cartera diversificada de activos utilizando diversos instrumentos financieros.

Una de las principales ventajas de los fondos mutuos es la diversificación. Al invertir en fondos mutuo, estas invirtiendo en una variedad de activos diferentes, lo que reduce el riesgos de una sola inversión fallida y te ayuda a estabilizar tus ganancias a largo plazo. Además, los fondos mutuos son administrados por expertos en finanzas, lo que significa que no tienes que hacer tu propia investigación y selección de inversiones.

Sin embargo, también es importante que tengas en cuenta que los fondos mutuos tienen cargos y comisiones asociados, incluyendo cargos de administración y comisiones de reembolso. Estos cargos pueden reducir tus ganancias y deben ser considerados el elegir un fondo mutuo.

Otro factor que debes tener en cuenta es la liquidez. Los fondos mutuos a menudo son inversiones a largo plazo, lo que significa que tu dinero estará bloqueado por un periodo de tiempo más largo. Además, los fondos mutuos no son tan líquidos como otros instrumentos de inversión.

En fin, los fondos mutuos pueden ser una buena opción para ti, si buscas invertir lo que logres ahorrar en un determinado tiempo, en una variedad de activos y diversificar tu cartera para minimizar los riesgos.

INVERSIONES EN FONDOS COTIZADOS EN BOLSAS (ETFs)

Los fondos cotizados en bolsa (ETF) son una forma popular de inversión que combinan la diversificación de un fondo mutuo con la flexibilidad de una acción. Los ETFs son un grupo de activos, como acciones, bonos o materias primas, que se negocian en una bolsa de valores como cualquier otra acción.

Una de las principales ventajas de los ETFs es la diversificación. Al invertir en un ETF, estás invirtiendo en una variedad de activos diferentes, lo que reduce el riesgo de una sola inversión fallida y ayuda a estabilizar tus ganancias a largo plazo. Además, los ETFs son administrados por expertos en finanzas, lo que significa que no tienes que hacer tu propia investigación y selección de inversiones.

Sin embargo, también es importante tener en cuenta que los ETFs pueden tener cargos y comisiones asociados, incluyendo cargos de gestión y comisiones de compra y venta. Estos cargos deben ser considerados al elegir un ETF.

Otro factor para tener en cuenta es la liquidez. Al igual que con las acciones, los ETFs son más líquidos que los fondos mutuos y puedes vender tus unidades en cualquier momento. Sin embargo, también es importante tener en cuenta que los precios de los ETFs pueden fluctuar con mayor frecuencia que los de los fondos mutuos, lo que significa que tu inversión puede ser más volátil.

En general, los ETFs pueden ser una buena opción para aquellos que buscan una forma de invertir en una variedad de activos y diversificar su cartera, pero también están dispuestos a asumir un mayor riesgo y aceptar una mayor volatilidad. Es importante tener en cuenta los cargos y la liquidez al elegir un ETF y considerar si esta forma de inversión es adecuada para tus objetivos y perfil de riesgo.

ANÁLISIS DE RIESGOS Y OPORTUNIDADES DE LA INVERSIÓN EN FONDOS.

El análisis de riesgos y oportunidades en la inversión en fondos es un proceso importante que permite a los inversores tomar decisiones informadas sobre sus inversiones. Aquí hay algunos de los factores que deben ser considerados al analizar los riesgos y oportunidades en la inversión en fondos.

Riesgos.

a) Riesgo de mercado: La rentabilidad de los fondos está altamente correlacionada con los movimientos del mercado, por lo que el riesgo de mercado es un factor importante para considerar.

b) Riesgo de liquidez: Algunos fondos pueden tener dificultades para vender sus activos en un plazo razonable, lo que puede afectar su capacidad para proporcionar un flujo de efectivo a los inversores.

c) Riesgo de crédito: Los fondos que invierten en deuda corporativa están expuestos al riesgo de crédito, ya que hay un riesgo de impago por parte de las empresas emisoras.

d) Riesgo de concentración: Algunos fondos pueden estar altamente concentrados en un sector o una región específicos, lo que los hace más vulnerables a las fluctuaciones en ese sector o región.

Oportunidades.

a) Diversificación: al igual que los demás tipo de inversión, los fondos pueden ofrecer una diversificación efectiva de la cartera, ya que los fondos invierten en una variedad de activos y sectores.

b) Acceso a expertos: Al invertir en fondos, los inversores tienen acceso a equipos de expertos en inversiones que gestionan y supervisan las inversiones en su nombre.

c) Rentabilidad potencial: La inversión en fondos puede proporcionar una rentabilidad potencial superior a la de los productos de inversión individuales, debido a la diversificación y la gestión profesional.

d) Impacto social y medioambiental positivo: La inversión en fondos sostenibles y responsables puede tener un impacto social y medioambiental positivo, ya que invierten en empresas que cumplen con criterios sociales, medioambientales y de gobernanza sólidos.

INVERSIONES EN PROPIEDADES

La inversión en propiedades es una forma popular y estable de ahorrar y hacer crecer su dinero. Desde la adquisición de una casa para vivir hasta la compra de propiedades para alquilar, existen muchas opciones para aquellos interesados en invertir en el mercado inmobiliario.

Una de las ventajas de la inversión en propiedades es la estabilidad. A diferencia de otros tipos de inversiones, como acciones o bonos, la propiedad inmobiliaria suele tener un valor que aumenta con el tiempo y es menos propensa a sufrir fluctuaciones bruscas en el corto plazo. Además, también puede generar ingresos a través del alquiler, lo que significa un flujo constante de efectivo para el propietario.

Otra ventaja es la diversificación. Al invertir en diferentes propiedades, uno puede aumentar su diversificación y reducir su exposición a riesgos individuales. Por ejemplo, si un propietario tiene varias propiedades alquiladas en diferentes mercados, es menos probable que la desaceleración económica en un solo mercado afecte sus ingresos totales.

Sin embargo, la inversión en propiedades también conlleva ciertos riesgos. La fluctuación de los precios puede ser un problema, especialmente en mercados inmobiliarios más volátiles. Además, encontrar y mantener inquilinos puede ser un desafío, y hay costos asociados con la propiedad, como reparaciones y mantenimiento.

A pesar de estos riesgos, la inversión en propiedades sigue siendo una forma atractiva de inversión para muchos. Es importante hacer una investigación exhaustiva y trabajar con profesionales calificados, como corredores de bienes raíces y contadores, para ayudar a mitigar los riesgos y maximizar la rentabilidad.

En resumen, la inversión en propiedades puede ser una forma efectiva de ahorrar y hacer crecer su dinero a largo plazo. Sin embargo, es importante evaluar cuidadosamente los riesgos y trabajar con profesionales calificados antes de tomar cualquier decisión de inversión. Con un enfoque estratégico y bien planificado, la inversión en propiedades puede ser una excelente manera de alcanzar sus metas financieras a largo plazo.

INVERSIONES EN ORO Y METALES

La inversión en oro y metales preciosos ha sido una opción atractiva para los inversores durante siglos. Desde la antigüedad, el oro ha sido considerado un refugio seguro para el dinero, y sigue siendo una forma popular de proteger su patrimonio y diversificar su cartera de inversiones.

Hay varias razones por las que la inversión en oro y metales puede ser atractiva. En primer lugar, el oro y otros metales preciosos tienen una oferta limitada, lo que significa que su valor puede aumentar con el tiempo. Además, debido a su escasez, estos metales tienen un valor intrínseco que no depende del rendimiento económico o la situación política de un país en particular.

En momentos de incertidumbre económica o política, el oro y otros metales pueden ser un refugio seguro para el dinero. Durante las crisis financieras, por ejemplo, los inversores suelen invertir en oro para proteger su patrimonio. Esto se debe en parte a que el oro es considerado un activo deflacionario, lo que significa que su valor puede aumentar en momentos de inflación o debilidad económica.

Sin embargo, la inversión en oro y metales también conlleva ciertos riesgos. En primer lugar, el valor de estos metales puede ser altamente volátil, y puede verse afectado por cambios en la oferta y la demanda, la economía global y las políticas gubernamentales. Además, es importante tener en cuenta que la inversión en oro y metales puede ser costosa, ya que puede haber costos asociados con la compra y almacenamiento de estos activos.

INVERSIONES EN STAR-UPS

La inversión en startups es una forma atractiva de obtener un retorno de inversión a largo plazo. Las startups son empresas nuevas y en crecimiento que buscan financiamiento para expandir su negocio y llevar sus productos o servicios al mercado. Al invertir en una startup, los inversores pueden obtener una participación en la empresa y, en teoría, participar en su crecimiento y éxito.

Sin embargo, la inversión en startups conlleva un alto riesgo. Las startups tienen una tasa de fracaso significativamente más alta que las empresas establecidas, lo que significa que existe el riesgo de perder toda la inversión. Además, debido a que las startups son empresas jóvenes, su modelo de negocios puede cambiar drásticamente a medida que evolucionan, lo que puede afectar el valor de la inversión.

A pesar de estos riesgos, la inversión en startups también puede ser muy gratificante. Las startups tienen el potencial de generar ganancias significativas a medida que crecen y se desarrollan, lo que puede resultar en un retorno de inversión mucho más alto que el de otras opciones de inversión, como bonos o acciones.

Además, invertir en startups puede ser una forma de apoyar la innovación y el emprendimiento. Al invertir en una empresa con una idea innovadora y un enfoque audaz, los inversores pueden ayudar a fomentar el crecimiento económico y la creación de empleos.

Sin embargo, es importante tener en cuenta que la inversión en startups requiere un enfoque cuidadoso y bien pensado. Antes de invertir en una startup, es importante investigar exhaustivamente la empresa, su modelo de negocios y su equipo de gestión. Además, es importante trabajar con un profesional calificado que pueda ayudar a evaluar los riesgos y a determinar la mejor estrategia de inversión.

En fin, la inversión en startups puede ser una forma atractiva de obtener un retorno de inversión a largo plazo, pero conlleva un alto riesgo. Con un enfoque cuidadoso y una investigación exhaustiva, la inversión en startups puede ser una excelente manera de apoyar la innovación y el emprendimiento y alcanzar sus metas financieras a largo plazo.

INVERSIONES EN CRIPTOMONEDAS

La inversión en criptomonedas es una forma de inversión que ha ganado popularidad en los últimos años. Las criptomonedas son monedas digitales que utilizan criptografía para asegurar y verificar transacciones, así como para controlar la creación de nuevas unidades. Bitcoin es la criptomoneda más conocida, pero hay muchas otras, como Ethereum, Ripple y Litecoin.

Una de las características más atractivas de las criptomonedas es que están descentralizadas, lo que significa que no están controladas por ningún gobierno o entidad central. Esto les da a los inversores una mayor autonomía y libertad, así como una mayor privacidad.

Sin embargo, la inversión en criptomonedas conlleva un alto riesgo. El mercado de criptomonedas es altamente volátil y sus precios pueden fluctuar drásticamente en un corto período de tiempo. Además, debido a que las criptomonedas son una tecnología relativamente nueva, aún existen muchas incertidumbres sobre su seguridad y regulación.

A pesar de estos riesgos, la inversión en criptomonedas puede ser muy gratificante. Debido a la creciente demanda y aceptación de las criptomonedas, su valor puede aumentar significativamente en un corto período de tiempo, lo que puede resultar en un retorno de inversión atractivo.

Además, las criptomonedas ofrecen una forma innovadora y eficiente de realizar transacciones, lo que puede revolucionar la forma en que se hacen negocios a nivel global. Al invertir en criptomonedas, los inversores pueden estar a la vanguardia de esta tendencia y estar preparados para aprovechar las oportunidades que surjan.

Sin embargo, es importante tener en cuenta que la inversión en criptomonedas requiere un enfoque cuidadoso y bien pensado. Antes de invertir en criptomonedas, es importante investigar exhaustivamente el mercado y las criptomonedas específicas en las que se está interesado. Además, es importante trabajar con un profesional calificado que pueda ayudar a evaluar los riesgos y a determinar la mejor estrategia de inversión.

INVERSIONES EN ARTE

La inversión en arte es una forma única de invertir dinero que combina la pasión por la cultura con la posibilidad de generar ingresos. La compra de obras de arte puede ser una inversión inteligente y rentable, pero también requiere un enfoque cuidadoso y una investigación exhaustiva.

El arte es un activo tangible que ha demostrado ser una inversión sólida a largo plazo. A diferencia de otros activos, como acciones o bonos, las obras de arte no están sujetas a las fluctuaciones económicas y políticas, y su valor se mantiene a lo largo del tiempo. Además, las obras de arte son un refugio seguro contra la inflación, lo que significa que su valor aumenta en relación con la inflación.

Sin embargo, la inversión en arte requiere un conocimiento especializado y una comprensión profunda del mercado. Es importante investigar exhaustivamente el artista, la obra y la tendencia del mercado antes de realizar una inversión. Además, es importante trabajar con un profesional calificado, como un corredor de arte o un consultor de inversiones, que pueda ayudar a evaluar el potencial de retorno y los riesgos asociados.

Además, es importante tener en cuenta que la inversión en arte requiere una inversión significativa de tiempo y recursos. Las obras de arte deben ser adquiridas, almacenadas y mantenidas en un lugar seguro, lo que puede ser costoso. Además, es importante tener una estrategia a largo plazo y ser paciente, ya que el valor de las obras de arte puede tardar mucho tiempo en aumentar.

En resumen, la inversión en arte puede ser una forma rentable y emocionante de invertir dinero, pero requiere un enfoque cuidadoso y una investigación exhaustiva. Con un conocimiento especializado y una comprensión profunda del mercado, los inversores pueden estar en una posición excelente para aprovechar las oportunidades que ofrece el mercado del arte. Sin embargo, es importante tener en cuenta que la inversión en arte requiere una inversión significativa de tiempo y recursos, y que hay un alto nivel de riesgo involucrado.

INVERSIONES EN DEPOSITOS A LARGO PLAZO.

Los depósitos a largo plazo son una de las formas más tradicionales y seguras de invertir dinero. Esta opción de inversión permite a los inversores depositar su dinero en una institución financiera por un período determinado, a cambio de una tasa de interés fija.

Uno de los principales beneficiando de la inversión en depósitos a largo plazo es la seguridad. Ya que los depósitos están respaldados por organismos gubernamentales o bancos centrales, los inversores pueden estar seguros de que su dinero está protegido. Además, los depósitos a largo plazo son una forma de inversión que no requiere una gran cantidad de conocimiento financiero o de seguimiento diario del mercado, lo que los hace adecuados para aquellos que buscan una inversión segura y sencilla.

Otro aspecto positivo de los depósitos a largo plazo es la tasa de interés fija. Esto significa que los inversores pueden predecir con precisión los ingresos que generarán, lo que les permite planificar mejor su futuro financiero. Además, los depósitos a largo plazo a menudo ofrecen una tasa de interés más alta que las cuentas de ahorro tradicionales, lo que permite a los inversores obtener una rentabilidad más alta.

Sin embargo, es importante tener en cuenta que los depósitos a largo plazo pueden tener un impacto negativo en la inflación. A medida que la inflación aumenta, el valor del dinero disminuye, lo que significa que los ingresos generados por los depósitos pueden ser insuficientes para mantener el poder adquisitivo de los inversores. Además, los depósitos a largo plazo a menudo están sujetos a penalizaciones si se retira el dinero antes del vencimiento, lo que puede ser perjudicial para los inversores que necesitan acceder a sus fondos de manera más temprana.

En fin, los depósitos a largo plazo son una forma segura y tradicional de invertir dinero. Ofrecen una tasa de interés fija y una forma sencilla de invertir sin requerir una gran cantidad de conocimiento financiero. Sin embargo, es importante tener en cuenta los impactos negativos de la inflación y las penalizaciones por retirar el dinero antes del vencimiento. Los inversores deben evaluar cuidadosamente sus objetivos financieros y necesidades antes de tomar una decisión sobre si los depósitos a largo plazo son una buena opción para ellos.

PASO 6. CREACIÓN DE PASIVOS (evaluación de opciones de creación de pasivos, establecimiento de un plan de creación de pasivos)

Los ingresos pasivos son una forma atractiva de generar dinero sin tener que trabajar constantemente por él. Aunque puede requerir un poco de trabajo inicial, una vez que está establecido, puede generar ingresos de manera constante y sin mucho esfuerzo adicional. Aquí hay algunos consejos para ayudarlo a crear sus propios ingresos pasivos.

a) Inversiones en el mercado de valores: Una de las formas más comunes de crear ingresos pasivos es invertir en el mercado de valores. Esto puede incluir acciones, bonos o fondos de inversión. Aunque existe un cierto nivel de riesgo involucrado, si se invierte con inteligencia y se diversifica adecuadamente, puede generar ingresos pasivos en forma de dividendos o ganancias de capital.

b) Propiedad de alquiler: Otra forma popular de crear ingresos pasivos es a través de la propiedad de alquiler. Esto incluye la compra de una propiedad residencial o comercial con el objetivo de alquilarla a largo plazo. Los ingresos de alquiler se convierten en ingresos pasivos una vez que se establece un inquilino y se paga el alquiler de forma regular.

c) Creación de productos digitales: La creación de productos digitales, como e-books, cursos en línea o aplicaciones, puede ser una forma rentable de crear ingresos pasivos. Una vez que se ha creado y vendido el producto, los ingresos continúan llegando sin necesidad de trabajar adicionalmente en él.

d) Inversiones en bienes raíces: Las inversiones en bienes raíces pueden ser una forma de generar ingresos pasivos a largo plazo. La compra de una propiedad residencial o comercial para alquilar es una de las formas más comunes de invertir en bienes raíces. Este tipo de inversión puede proporcionar un flujo constante de ingresos en forma de alquiler, y también puede aumentar en valor con el tiempo. Es importante considerar los costos asociados con la propiedad de alquiler, como las reparaciones y las tasas de mantenimiento, antes de tomar la decisión de invertir.

e) Licencias de derechos de autor: Si es un creador de contenido, como músico, fotógrafo o escritor, puede licenciar su trabajo a terceros para su uso. Esto puede generar ingresos pasivos en forma de regalías cada vez que se utiliza su contenido. Las licencias de derechos de autor son contratos legales que permiten a un titular de derechos de autor controlar cómo se utiliza su obra protegida por derechos de autor. Estas licencias son esenciales para proteger y monetizar la propiedad intelectual de los creadores y para facilitar el uso legítimo de su trabajo por parte de terceros.

Existen varios tipos diferentes de licencias de derechos de autor, incluyendo licencias exclusivas, licencias no exclusivas y licencias de uso limitado. Las licencias exclusivas otorgan al licenciatario el derecho exclusivo a usar la obra en cuestión, mientras que las licencias no exclusivas permiten a varias personas usar la obra simultáneamente. Las licencias de uso limitado especifican los términos y condiciones bajo los cuales la obra puede ser utilizada, incluida la duración de la licencia, el territorio geográfico y el uso permitido.

Además, también existen licencias de derechos de autor libres, como la licencia Creative Commons, que permiten a los titulares de derechos de autor controlar cómo se usa su trabajo mientras aún permiten a otros utilizarlo de manera libre y gratuita en ciertas circunstancias. Estas licencias son útiles para los creadores que desean compartir su trabajo con la comunidad en general, mientras mantienen cierto control sobre su uso.

los ingresos pasivos pueden ser una forma rentable de generar dinero a largo plazo. Aunque puede requerir un poco de trabajo inicial, una vez establecido, puede proporcionar un flujo constante de ingresos sin necesidad de trabajar constantemente.

PLAN ESTRATEGICO PARA CREAR INGRESOS PASIVOS

Aquí hay un plan estratégico para crear ingresos pasivos.

a) Evalúa tus habilidades e intereses: Antes de empezar a buscar maneras de crear ingresos pasivos, es importante evaluar tus habilidades e intereses. Esto te ayudará a identificar las áreas en las que puedes tener éxito y encontrar una estrategia que sea adecuada para ti.

b) Investigación de mercado: Investiga diferentes opciones de ingresos pasivos y evalúa las oportunidades que existen en el mercado. Considere factores como la demanda, la competencia y la viabilidad financiera.

c) Crea un plan de negocios sólido: Una vez que hayas identificado una estrategia que sea adecuada para ti, es importante crear un plan de negocios sólido que incluya metas a largo plazo, un presupuesto y un plan de marketing.

d) Diversifica tus inversiones: No pongas todos tus huevos en una sola cesta. Es importante diversificar tus inversiones para reducir el riesgo y asegurarte de tener varias fuentes de ingresos pasivos.

e) Automatiza tus ingresos: Una vez que tengas un sistema en marcha, es importante automatizar tanto como sea posible para que tengas un flujo constante de ingresos sin requerir mucho trabajo de tu parte.

f) Continúa aprendiendo y creciendo: Finalmente, es importante seguir aprendiendo y creciendo para mantenerse al día con las últimas tendencias y oportunidades en el mercado. Mantente informado y establece relaciones con otros profesionales en tu área para ampliar tus conocimientos y aumentar tus posibilidades de éxito.

Siguiendo estos pasos, puedes establecer un plan estratégico sólido y efectivo para crear ingresos pasivos. Recuerda que la constancia y la perseverancia son clave para el éxito, así que mantente enfocado y sigue trabajando hacia tus metas a largo plazo.

PASO 7. PROTECCIÓN FINANCIERA (evaluación de opciones de seguros y protección financiera, establecimiento de un plan de protección financiera)

La vida es impredecible y los imprevistos pueden surgir en cualquier momento. Desde una enfermedad hasta un despido, es importante estar preparado y protegido ante cualquier eventualidad. La protección financiera es una parte importante de cualquier estrategia financiera a largo plazo, y es importante conocer los riesgos y cómo protegerse.

a) Riesgos financieros: Los riesgos financieros incluyen enfermedad, despido, accidentes y otros imprevistos que pueden afectar su ingreso y estabilidad financiera. Es importante estar preparado y protegido ante estos riesgos para evitar un impacto negativo en su situación financiera.

b) Seguros: Los seguros son una forma importante de protección financiera. Desde seguros de salud hasta seguros de vida, hay una amplia variedad de opciones disponibles para protegerse ante los riesgos financieros. Es importante investigar y comparar diferentes opciones de seguro para encontrar el que mejor se adapte a sus necesidades y presupuesto.

c) Ahorro e inversión: continuamos hablando de esto ya que sin ahorro no es posible llegar a la libertad financiera. Es importante establecer un presupuesto y un plan de ahorro a largo plazo para asegurarse de tener suficiente dinero en caso de emergencia. Además, es importante invertir de manera inteligente y diversificar su cartera para minimizar el riesgo.

d) Planificación financiera: La planificación financiera es un aspecto clave de la protección financiera. Incluye establecer metas financieras a largo plazo, revisar y ajustar sus inversiones y seguros regularmente, y estar preparado ante los imprevistos. Es importante trabajar con un planificador financiero para asegurarse de estar en el camino correcto.

e) Toma medidas preventivas: Finalmente, es importante tomar medidas preventivas para proteger su situación financiera. Esto incluye hacer un seguimiento de sus gastos, evitar el endeudamiento excesivo, y asegurarse de tener una fuente de ingresos alternativa en caso de un imprevisto.

La protección financiera incluye seguros, ahorro e inversión, planificación financiera y medidas preventivas.

TIPOS DE SEGUROS

Hay muchas opciones de seguros disponibles para ayudar a proteger tu futuro financiero. Algunos de los seguros más comunes son:

Seguro de vida: es una herramienta importante para proteger a tu familia y asegurar su bienestar financiero en caso de tu fallecimiento. Hay muchos tipos diferentes de seguros de vida disponibles, cada uno con diferentes características y opciones.

Un tipo de seguro de vida es el seguro de vida de manera (también conocido como seguro de vida temporal). Este tipo de seguro brinda cobertura por un período determinado de tiempo, generalmente desde un año hasta varios décadas. La prima es generalmente más baja que la de otros tipos de seguros de vida, pero la cantidad de cobertura disminuye con el tiempo.

El seguro de vida de manera puede ser una buena opción para aquellos que buscan proteger a sus seres queridos por un período de tiempo específico, como durante los años en los que tienen hijos pequeños o una hipoteca pendiente. Sin embargo, es importante tener en cuenta que una vez que el período de cobertura termina, la cobertura también termina y no se devuelve la prima.

Seguro de salud: es una herramienta crucial para proteger a ti y a tu familia de los costos asociados con el cuidado médico. Hay muchos tipos diferentes de seguros de salud disponibles, cada uno con diferentes características y opciones.

Hay varios factores a considerar al elegir un seguro de salud, incluyendo la cobertura, los costos y las exclusiones. La cobertura incluye los servicios médicos y procedimientos que están cubiertos, como consultas médicas, hospitalización, medicamentos recetados y cirugía.

Es importante revisar cuidadosamente los detalles de la cobertura y comprender los límites y exclusiones de la política. Por ejemplo, algunas políticas pueden no cubrir ciertas enfermedades preexistentes o procedimientos médicos específicos.

Seguro de propiedad: el seguro de propiedad es una forma de proteger tu hogar y sus pertenencias en caso de un evento imprevisto como un incendio, robo, daños por agua, entre otros. Es una inversión importante para cualquier dueño de propiedad, ya que puede ayudar a cubrir los costos de reparación o reemplazo de los bienes afectados.

Hay diferentes tipos de seguro de propiedad disponibles, incluyendo seguro de propiedad residencial, seguro de propiedad para propietarios de negocios y seguro de propiedad para propietarios de apartamentos. Es importante elegir una política que brinde la cobertura adecuada para tus necesidades y que esté dentro de tu presupuesto.

Es importante revisar cuidadosamente los detalles de la cobertura y comprender los límites y exclusiones de la política. Por ejemplo, algunas políticas pueden no cubrir daños causados por desastres naturales como terremotos o inundaciones. En este caso, puede ser necesario adquirir una póliza adicional para cubrir estos riesgos.

Además, es importante considerar los costos asociados con el seguro de propiedad. Estos incluyen la prima mensual o anual, los deducibles y las exclusiones. Es importante elegir un seguro de propiedad que brinde la cobertura adecuada para tus necesidades, pero también sea asequible y no suponga una carga financiera excesiva.

En fin, es importante considerar los costos asociados con el seguro de propiedad. Estos incluyen la prima mensual o anual, los deducibles y las exclusiones. Es importante elegir un seguro de propiedad que brinde la cobertura adecuada para tus necesidades, pero también sea asequible y no suponga una carga financiera excesiva.

Seguro de automóvil: es una forma esencial de proteger tu vehículo y a ti mismo en caso de un accidente o evento imprevisto. Es un requisito legal en muchos países, y puede ayudar a cubrir los costos de reparación o reemplazo del vehículo, así como los gastos médicos y legales en caso de un accidente.

Hay diferentes tipos de seguro de automóvil disponibles, incluyendo seguro básico, seguro a todo riesgo y seguro a terceros. Es importante elegir una política que brinde la cobertura adecuada para tus necesidades y que esté dentro de tu presupuesto.

Es importante revisar cuidadosamente los detalles de la cobertura y comprender los límites y exclusiones de la política. Por ejemplo, algunas políticas pueden no cubrir daños causados por eventos como incendios o robos. En este caso, puede ser necesario adquirir una póliza adicional para cubrir estos riesgos.

Además, es importante considerar los costos asociados con el seguro de automóvil. Estos incluyen la prima mensual o anual, los deducibles y las exclusiones. Es importante elegir un seguro de automóvil que brinde la cobertura adecuada para tus necesidades, pero también sea asequible y no suponga una carga financiera excesiva.

Finalmente, el seguro de automóvil es una inversión valiosa para cualquier dueño de vehículo, que puede ayudar a proteger tu vehículo y a ti mismo en caso de un accidente o evento imprevisto. Asegúrate de elegir una política que brinde la cobertura adecuada para tus necesidades y que esté dentro de tu presupuesto.

Seguro de responsabilidad civil: es un tipo de seguro que protege a una persona o empresa contra los costos y gastos relacionados con una demanda por daños y lesiones que hayan sido causados a terceros. Este tipo de seguro es esencial para cualquier persona o empresa que tenga la posibilidad de causar daños a otras personas o propiedades.

Hay varios tipos de seguros de responsabilidad civil, incluyendo seguros para particulares, seguros para empresas y seguros profesionales. Cada tipo de seguro está diseñado para satisfacer las necesidades específicas de la persona o empresa que lo adquiere.

El seguro de responsabilidad civil para particulares, por ejemplo, puede proteger contra costos y gastos relacionados con daños causados a propiedades o lesiones a terceros en el hogar o mientras se realizan actividades cotidianas. Por otro lado, el seguro de responsabilidad civil para empresas puede proteger contra costos y gastos relacionados con daños causados a clientes o proveedores en el curso de las operaciones comerciales.

Es importante elegir una política de seguro de responsabilidad civil que brinde la cobertura adecuada para tus necesidades y que esté dentro de tu presupuesto. Al igual que con cualquier otro tipo de seguro, es importante revisar cuidadosamente los detalles de la cobertura y comprender los límites y exclusiones de la política.

Seguro de jubilación: es un tipo de seguro que ayuda a las personas a ahorrar para su jubilación y asegurarse de tener suficientes fondos para mantener su estilo de vida durante esos años. Con una edad de jubilación cada vez más tardía y una expectativa de vida más larga, es cada vez más importante planificar y prepararse para la jubilación.

Hay varios tipos de seguros de jubilación, incluyendo cuentas individuales de jubilación (IRA), planes de jubilación empresariales (401(k), pensiones y anualidades. Cada opción tiene sus propias características y ventajas, y es importante evaluar cuidadosamente cada opción antes de tomar una decisión.

Las cuentas IRA son una opción popular para el ahorro de jubilación, ya que ofrecen una amplia variedad de opciones de inversión y una flexibilidad sin igual. Los 401(k) y los planes de pensiones son opciones comunes para las personas que trabajan para empresas grandes y medianas, y pueden ofrecer una combinación de contribuciones empresariales y personales. Las anualidades son una opción para aquellos que buscan un flujo de ingresos garantizado durante su jubilación.

Además, de elegir el tipo de seguro adecuado, es importante elegir el momento adecuado para comenzar a ahorrar para la jubilación. Cuanto antes comiences, más tiempo tendrás para acumular una cantidad significativa de fondos, y también podrás aprovechar el poder del interés compuesto.

PLAN ESTRETEGICO PARA UNA PROTECCION FINANCIERA

Aquí te muestro un plan estratégico de seis pasos que puede ayudarte a alcanzar tus objetivos financieros:

1. Establece tus objetivos financieros: Antes de comenzar a planificar, debes tener claridad sobre tus objetivos financieros a corto y largo plazo. Esto incluye tus metas de ahorro, inversión y gasto.

2. Analiza tus ingresos y gastos: Haz un seguimiento de tus ingresos y gastos para comprender tus flujos de efectivo. Esto te ayudará a identificar áreas en las que puedes ahorrar dinero y reducir tus gastos.

3. Crea un presupuesto: Una vez que tengas una comprensión clara de tus ingresos y gastos, puedes crear un presupuesto que te permita alcanzar tus objetivos financieros. Asegúrate de incluir tanto tus gastos fijos como tus gastos variables.

4. Ahorra dinero: Comienza a ahorrar una parte de tus ingresos cada mes para alcanzar tus objetivos financieros a largo plazo. Considera opciones de ahorro como cuentas de ahorro, cuentas IRA o planes de jubilación empresariales.

5. Investiga tus opciones de seguros: Investiga diferentes opciones de seguros para proteger tu futuro financiero, incluyendo seguros de vida, salud, automóvil, propiedad y responsabilidad civil. Asegúrate de elegir un seguro que se adapte a tus necesidades y presupuesto.

6. Revisa y actualiza tu plan: Revisa regularmente tu plan financiero y asegúrate de hacer ajustes en caso de cambios en tus circunstancias financieras. Esto te permitirá

asegurarte de que sigues en el camino correcto para alcanzar tus objetivos financieros.

8. MANTENIENDO EL ENFOQUE CENTRALIZADO HACIA LA EDUCACION FINANCIERA.

Mantener un enfoque centralizado en la educación financiera es esencial para asegurar un futuro financiero estable y exitoso. La educación financiera te permite tomar decisiones informadas sobre tus finanzas personales y te ayuda a alcanzar tus objetivos financieros. un enfoque centralizado en los objetivos es un aspecto clave para alcanzar el éxito en cualquier ámbito, ya sea profesional o personal. A menudo, las distracciones diarias pueden hacernos perder de vista nuestras metas y objetivos a largo plazo, lo que puede resultar en fracaso o retraso en el logro de nuestras metas. Por eso, es importante tener un enfoque centralizado en nuestros objetivos.

Un enfoque centralizado en los objetivos se refiere a tener una visión clara y definida de lo que queremos lograr y a mantener esa visión en mente en todo momento. Esto nos permite priorizar nuestro tiempo y energía en las actividades que realmente nos acercan a nuestros objetivos y descartar aquellas que son simplemente distractoras.

Aquí hay algunas razones por las que mantener un enfoque centralizado en la educación financiera es importante:

a) Define claramente tus objetivos: definir claramente tus objetivos, es un aspecto fundamental para mantener un enfoque centralizado en ellos. La claridad en nuestras metas nos permite tener una visión precisa y definida de lo que queremos lograr, lo que a su vez nos ayuda a enfocarnos en los objetivos apropiados y a evitar la pérdida de tiempo y energía en actividades irrelevantes.

Para definir claramente nuestros objetivos, es importante seguir un proceso metódico que incluya:

*establecer objetivos a largo plazo: Antes de definir objetivos a corto plazo, es importante establecer metas a largo plazo que reflejen nuestras pasiones y valores más profundos. Estos objetivos deben ser ambiciosos, pero al mismo tiempo realistas y alcanzables.

*hacer una lista de objetivos específicos: Una vez que tenemos una comprensión clara de nuestras metas a largo plazo, es importante hacer una lista de objetivos específicos y concretos que nos acerquen a ellas. Estos objetivos deben ser medibles y tener un plazo definido.

*establecer prioridades: Con una lista de objetivos específicos, es importante establecer prioridades y determinar cuáles son los objetivos más importantes para nosotros en un momento dado. Esto nos permite enfocarnos en las tareas más críticas y evita la dispersión de nuestro tiempo y energía.

*revisar y actualizar periódicamente: Los objetivos pueden cambiar con el tiempo, por lo que es importante revisarlos y actualizarlos periódicamente para asegurarse de que siguen reflejando nuestras metas y valores. Esto también nos permite adaptarnos a los cambios en nuestras circunstancias y mantenernos enfocados en nuestros objetivos.

Definir claramente nuestros objetivos es un proceso continuo que requiere tiempo y esfuerzo, pero es fundamental para mantener un enfoque centralizado en ellos. Al tener una comprensión clara y precisa de nuestros objetivos, podemos priorizar nuestro tiempo y energía en las actividades que realmente nos acercan a ellos y evitar las distracciones innecesarias.

b) Crea un plan de acción: crear un plan de acción es un paso crítico para mantener un enfoque centralizado en nuestros objetivos. Un plan de acción nos proporciona una hoja de ruta clara y detallada para alcanzar nuestras metas, y nos ayuda a mantenernos enfocados y motivados en el camino.

Para crear un plan de acción efectivo, es importante seguir los siguientes pasos.

*identificar las tareas clave: Para alcanzar nuestros objetivos, es importante identificar las tareas clave y los pasos que debemos tomar para lograrlos. Estas tareas deben ser específicas, medibles y realistas.

*asignar un plazo a cada tarea: Es importante establecer un plazo realista para cada tarea y asegurarse de que se encuentra en línea con nuestros objetivos a largo plazo. Esto nos permite monitorear nuestro progreso y mantenernos enfocados en las tareas más importantes.

*establecer un seguimiento sistemático: Una vez que tenemos un plan de acción, es importante establecer un seguimiento sistemático para asegurarnos de que estamos cumpliendo con nuestro calendario y realizando las tareas clave en un plazo adecuado.

*ser flexible y adaptarse a los cambios: Aunque es importante tener un plan de acción detallado, es igualmente importante ser flexible y adaptarse a los cambios que surjan en el camino. Si surgen nuevos obstáculos u oportunidades, debemos ser capaces de revisar nuestro plan y hacer ajustes para seguir avanzando hacia nuestros objetivos.

Crear un plan de acción detallado y seguirlo estrictamente es esencial para mantener un enfoque centralizado en nuestros objetivos. Nos permite mantenernos enfocados en las tareas clave, monitorear nuestro progreso y adaptarnos a los cambios en el camino. Al hacer un plan de acción, estamos tomando medidas concretas para alcanzar nuestras metas y nos mantenemos en control de nuestro progreso y éxito.

c) Establece prioridades: establecer prioridades es un aspecto crucial para mantener un enfoque centralizado en nuestros objetivos. A menudo, tenemos muchas tareas y responsabilidades que nos pueden desviar de nuestras metas, por lo que es importante priorizar y asegurarnos de que las tareas más importantes reciban nuestra atención y recursos primero.

Algunos consejos para establecer tus prioridades financieras efectivamente son:

*evaluar la importancia y urgencia: Es importante evaluar cuáles son las tareas más importantes y cuáles deben ser abordadas con mayor urgencia. Las tareas que son críticas para alcanzar nuestros objetivos deberían ser las más altas en nuestra lista de prioridades.

*usar una lista de tareas: Crear una lista de tareas diarias o semanales puede ayudarnos a mantener un enfoque en nuestras prioridades. Asegurarse de tener una lista clara y actualizada de tareas a mano nos ayuda a mantenernos enfocados en nuestros objetivos.

*asignar tiempo y recursos adecuados: Una vez que hemos establecido nuestras prioridades, es importante asignar tiempo y recursos adecuados a cada tarea. Esto nos ayuda a asegurarnos de que las tareas más importantes se completen a tiempo y con la calidad adecuada.

*revisar y ajustar regularmente: Es importante revisar y ajustar nuestras prioridades regularmente para asegurarnos de que siguen siendo relevantes y adecuadas a nuestras metas a largo plazo. Las prioridades pueden cambiar a medida que avanzamos, por lo que es importante ser flexible y adaptarse a los cambios.

Establecer prioridades es un aspecto crítico para mantener un enfoque centralizado en nuestros objetivos. Nos ayuda a mantenernos enfocados en las tareas más importantes, asegurarnos de que las tareas críticas se completen a tiempo y con calidad, y mantenernos en control de nuestro progreso y éxito.

d) Mantente motivado: La motivación es la fuerza que nos impulsa a avanzar y alcanzar nuestras metas, por lo que es importante encontrar formas de mantenerse motivados a lo largo del camino.

Para mantenerte motivado debes tener en cuenta lo siguiente:

*tener una visión clara y positiva: Es importante tener una visión clara y positiva de lo que queremos lograr y de cómo nos sentiremos una vez que lo hayamos logrado. Visualizar nuestro éxito puede ser una fuente de motivación y ayudarnos a mantenernos enfocados en nuestros objetivos.

*celebrar pequeñas victorias: Celebrar nuestros logros, por pequeños que sean, es una forma efectiva de mantenernos motivados. Reconocer y celebrar nuestro progreso nos ayuda a sentir una sensación de logro y nos da la motivación necesaria para continuar avanzando.

*mantener una actitud positiva: Mantener una actitud positiva y mantener la perspectiva es fundamental para mantenerse motivado. En lugar de centrarse en los obstáculos o en lo que no está funcionando, es importante centrarse en lo que está funcionando y en las soluciones a los desafíos que se presenten.

*rodearse de personas positivas: Rodearse de personas positivas y motivadoras puede tener un impacto significativo en nuestra motivación. Las personas que nos apoyan y nos alientan pueden ayudarnos a mantenernos enfocados en nuestros objetivos y a superar cualquier obstáculo que se presente.

e) Tomar decisiones informadas: La educación financiera te brinda la información y los conocimientos necesarios para tomar decisiones informadas sobre tus finanzas. Desde la planificación de tus gastos hasta la inversión en instrumentos financieros, una educación financiera sólida te permitirá tomar decisiones informadas que sean adecuadas para tus circunstancias financieras.

Este un aspecto importante para mantener un enfoque centralizado en nuestros objetivos financieros. Conocer sus ingresos y gastos, hacer un presupuesto, evaluar sus deudas, hacer un seguimiento de sus inversiones y buscar asesoramiento financiero son algunas formas efectivas de tomar decisiones informadas financieramente.

f) Alcanzar tus objetivos financieros: Con una educación financiera sólida, puedes establecer objetivos financieros realistas y desarrollar un plan para alcanzarlos. Desde ahorrar para la jubilación hasta pagar la deuda, una educación financiera te permitirá trabajar hacia tus objetivos financieros de manera efectiva. Ahorrar regularmente: Una de las formas más efectivas de alcanzar tus objetivos financieros es ahorrar regularmente.

Trata de ahorrar una pequeña cantidad de dinero cada mes y verás cómo se acumula con el tiempo.

Finalmente alcanzar la libertad financiera que es tu objetivo principal requiere de planificación, disciplina y motivación. Definir tus objetivos financieros, hacer un plan de acción, establecer prioridades, ahorrar regularmente.

g) Mejorar tu salud financiera: La educación financiera te ayuda a comprender tus ingresos y gastos y a desarrollar un presupuesto equilibrado. Esto te permitirá ahorrar dinero y mejorar tu salud financiera a largo plazo.

h) Reducir el estrés financiero: La incertidumbre financiera puede ser estresante. Sin embargo, una educación financiera te permitirá tomar decisiones informadas y confiadas sobre tus finanzas, lo que reducirá el estrés financiero.

i) Prepararse para situaciones imprevistas: La educación financiera te ayuda a comprender la importancia de la preparación para situaciones imprevistas, como enfermedades o pérdidas de empleo. Con una educación financiera sólida, puedes establecer un plan de seguros y ahorros para proteger tu futuro financiero.

Mantener un enfoque centralizado en la educación financiera es esencial para garantizar un futuro financiero estable y exitoso. Dedica tiempo a aprender sobre finanzas personales y desarrolla un plan para mejorar tu situación financiera. La educación financiera es una inversión en ti mismo y en tu futuro financiero.

PASO 9. DISFRUTA TU LIBERTAD FINANCIERA.

Una vez que logres cumplir tus objetivos financieros, no te olvides de disfrutarlos y hacer uso de ellos de manera responsable. La libertad financiera es posible para todas personas que toman la firme decisión de seguir este plan paso a paso, sin embrago debemos ser honestas, la libertad financiera no se logra de la noche a la mañana, debes ser paciente, constante y perseverante ante cualquier plan estratégico que te trace. No olvides que un elemento fundamental para lograr la libertad financiera es el ahorro sin importar si es pequeñas cantidades ya más adelante podrás ir aumentándolas.

No te desmotives, enfócate en tus objetivos y trata de dar un paso a la vez, no quieras dar todos los pasos al mismo tiempo.

CONCLUSIÓN

En conclusión, la libertad financiera es un aspecto clave de la vida que puede mejorar significativamente nuestra calidad de vida. Al tener control sobre nuestras finanzas, podemos vivir sin el estrés financiero y tener más tiempo libre para hacer lo que nos apasiona. Además, la libertad financiera nos brinda más flexibilidad y oportunidades para crecer y experimentar.

Sin embrago, alcanzar la libertad financiera requiere un enfoque centrado y un plan estratégico. Debemos ser conscientes de nuestras finanzas y aprender a administrarlas de manera efectiva. También es importante tener una mentalidad positiva y perseverancia para seguir adelante en el camino hacia la libertad financiera.

Recuerda los pasos: comprender tus finanzas, esto incluye identificar tus ingresos y gastos, luego debes reducir tus gastos para poder centrarte en el camino del ahorro. Ahorra una cantidad especifica cada mes sin importar si empiezas con una pequeña cantidad, ya que más adelante te aseguro que la podrás aumentar.

Mejora tus ingresos actuales, esto lo puedes lograr mejorando tus habilidades y luego pedir un aumento u ofrecer servicios en línea. Puedes ofrecer tus servicios en plataformas como fiverr, upwork, freelancer, entre otras, y de esta manera generaras ingresos extras para poder ahorrar mucho más.

Eliminas todas tus deudas, esto lo puedes hacer clasificando tus deudas, desde la más alta a la más baja. También puedes unificarlas, es decir, tomar un préstamo general para pagar estas deudas y solo tener una sola. Sin embargo, debes de tratar de conseguir un préstamo que no tenga una tasa de interés muy alta, de esta manera podrás enfrentar una sola deuda y en enfocarte en pagarla totalmente.

Una vez que tengas una cantidad mayor ahorrada, considera la inversión, ya que de esta manera podrás multiplicar tu dinero. En este libro te he dejado los diferentes tipos de inversiones que a mí me han dado resultados satisfactorios. Pero aun así debes evaluar a cada uno y ver cual se ajusta más a tu perfil financiero e investigar los factores importantes de cada empresa antes de realizar tu inversión.

Una vez que estes obteniendo resultados esperados de las inversiones, crea un plan de protección financiero, anteriormente te mostré como hacerlo. Este es muy importante para mantenerte protegido y proteger tu dinero.

Disfruta de tu libertad financiera de manera responsable, recuerda que el camino para alcanzarla no es corto si apenas estas empezando, así que cuando llegues a ella trata de administrarte lo mejor posible.

Finalmente, la libertad financiera es un objetivo valioso que vale la pena trabajar. Al comenzar a disfrutar de la libertad financiera, experimentarás una vida más plena y satisfactoria. Así que no esperes más, empieza hoy mismo a trabajar en tu plan financiero y disfruta de la libertad financiera que tanto deseas.

AGRADECIMIENTOS

Agradecemos a cada lector que ha depositado su confianza en nosotras, esperamos que este libro te haya sido de gran ayuda y te sirva de soporte para ayudarte a lograr todos tus objetivos financieros de manera exitosa. Todo lo que está plasmado aquí, ya lo hemos puesto en práctica, por lo que te podemos asegurar que, si sigues cada paso y realizas la investigación adecuada antes de realizar cualquier tipo de inversión, podrás tener resultados satisfactorios que cambiaran tu vida de manera significativa. Una vez más gracias por la oportunidad de compartir nuestras experiencias contigo y poder formar parte de cierta manera de tus éxitos futuros.

www.ingramcontent.com/pod-product-compliance
Lightning Source LLC
Chambersburg PA
CBHW081532220526
45467CB00010B/3140